강원도

경상북도

대구

울산

부산

경상남도

남한산성

오대산 상원사 동종

여주 영릉

영주 부석사 무량수전

안동 도산서원 전교당

경주 역사 유적 지구

울주 대곡리 반구대 암각화

고령 고분군

글 송영심

성균관대학교에서 역사학을 전공하고, 이화여자대학교 대학원에서 역사 교육 박사 과정을 공부했어요. 어린이들과 소통하기 위해 인터넷 역사 카페(http://cafe.daum.net/edusonghistory)를 운영하고 있어요.

지은 책으로 《한 권으로 읽는 한국사》, 《재미있는 한국사 이야기 1》, 《실록 밖으로 나온 세종의 비밀 일기》, 《꺼지지 않는 등불, 안중근의 비밀 일기》, 《달력에서 역사 찾기》, 《정약용이 들려주는 실학 이야기》, 《시조님, 시조님 안녕하세요?》, 《청소년을 위한 주제로 보는 조선왕조실록》, 《처음 시작하는 한국사, 세계사》, 《알고 먹으면 더 맛있는 음식 속 조선 야사》, 《한국사 숨은 그림 찾기 1,2》 등이 있어요. 역사 교과서 집필자로 《중학교 역사1, 2》, 《역사 부도》, 문화재청 교과서 《꿈과 끼를 찾아 떠나는 문화유산 여행》 등을 여러 선생님과 함께 썼어요.

그림 황대윤

국민대학교에서 Meta일러스트레이션 석사 과정을 전공하였으며, 교육 분야의 출판물과 영상 매체에 일러스트레이션 작업을 하고 있어요.
그린 책으로는 《그림으로 보는 한국사 연표》, 《그림으로 보는 세계사 연표》, 《육각형 신문 읽기 1,2》가 있어요.

초판 1쇄 인쇄 2025년 6월 25일 **초판 1쇄 발행일** 2025년 7월 10일 **펴낸곳** 메가스터디㈜ **펴낸이** 손은진
개발 책임 김문주 **개발** 김숙영, 서은영, 민고은 **글** 송영심 **그림** 황대윤 **디자인** 박수진 **제작** 이성재, 장병미
주소 서울시 서초구 효령로 304(서초동) 국제전자센터 24층 **대표전화** 1661-5431 **홈페이지** http://www.megastudybooks.com **출판사 신고 번호** 제 2015-000159호
사진 제공 8쪽, 48쪽 ⓒ국립중앙박물관, 앞면지 9쪽, 14쪽, 15쪽, 20쪽, 21쪽, 33쪽, 39쪽, 44쪽 ⓒ국가유산청, 앞면지, 26쪽, 32쪽, 45쪽, 48쪽 ⓒ클립아트코리아, 27쪽 용흥궁 ⓒ게티이미지뱅크(by 이인희, 공유마당, CC BY)

·본 저작물은 공공누리 제1유형 지시에 따라 공공 저작물을 이용하였습니다.
·본 도서에서 사용한 문화유산의 이름은 국가유산청에 등록된 이름에 맞추어 표기하였습니다.
·이 책의 저작권은 메가스터디 주식회사에 있으므로 무단으로 복사, 복제할 수 없습니다. 파본은 바꿔 드립니다.

 제품명 한국사 숨은 그림 찾기 3 우리 문화유산
제조자명 메가스터디㈜ **제조년월** 판권에 별도 표기 **제조국명** 대한민국 **사용연령** 3세 이상
주소 및 전화번호 서울시 서초구 효령로 304(서초동) 국제전자센터 24층 / 1661-5431

메가스터디BOOKS

'메가스터디북스'는 메가스터디㈜의 출판 전문 브랜드입니다.
유아/초등 학습서, 중고등 수능/내신 참고서는 물론, 지식, 교양, 인문 분야에서 다양한 도서를 출간하고 있습니다.

③ 우리 문화유산

이 책을 즐기는 방법

1 숨은 그림 찾기!

그림에서 표현하고 있는 **문화유산**과 관련한 **역사적 사건**이나 **시대**를 중심으로 설명했어요. 설명을 먼저 읽고 그림을 살펴 보아요. 문화유산이 만들어진 역사적 배경과 역사적 가치를 알 수 있어요.

유적이나 **유물** 또는 **역사적 인물**이 숨어 있어요. 당시 모습이 생생하게 담긴 장면 속에서 숨어 있는 그림들을 찾아요!

그림에서 다루는 우리 문화유산 중, 어떠한 **사적, 국보, 보물**이 있는지 알려 줘요.

숨은 그림을 찾으며 **역사 지식**을 익혀요.

2 한국사 지식 쌓기!

문화유산에 대한 추가적인 설명이에요. 앞에서 읽은 내용보다 조금 더 **넓고 자세한 역사 정보**를 알 수 있어요.

문화유산과 관련한 인물이나 유물, **유적에 관한 재미있는 이야기**를 어린이의 눈높이에 맞춰 풀어냈어요.

한국사 퀴즈로 앞서 배운 내용을 확인하며 더욱 재미있게 한국사를 익힐 수 있어요.

Tip — 자유롭게 이야기하며 상상력 키우기!

원하는 장면을 펼친 다음 어떤 일이 일어나고 있는지 친구나 부모님과 이야기를 나누어 보세요. 그림의 다양한 요소를 활용해 **상상력**을 발휘하여 **새로운 이야기**를 꾸며 볼 수 있어요. 그림 속 장면들로 여러 번 이야기를 짓다 보면 그림을 볼 때마다 새로운 광경이 눈에 들어올 거예요.

차례

선사시대	서울 암사동 유적	4
선사시대	울주 바위그림	6
생생 문화유산 이야기 1, 2		8

백제	부여 왕릉원	10
백제	나주 신촌리 금동관과 익산 미륵사지 석탑	12
생생 문화유산 이야기 3, 4		14

신라	경주 역사 유적 지구	16
가야	고령 고분군	18
생생 문화유산 이야기 5, 6		20

통일신라	오대산 상원사 동종	22
고려	강화 고려궁지	24
생생 문화유산 이야기 7, 8		26

고려	부석사 무량수전	28
조선	서울 한양도성	30
생생 문화유산 이야기 9, 10		32

조선	창덕궁	34
조선	남한산성	36
생생 문화유산 이야기 11, 12		38

조선	여주 영릉과 영릉	40
조선	안동 도산서원	42
생생 문화유산 이야기 13, 14		44

| 대한제국 | 덕수궁 | 46 |
| 생생 문화유산 이야기 15 | | 48 |

| 정답 | | 49 |

서울 암사동 유적, 신석기 시대 삶의 터전을 보여 주다

서울 암사동 유적은 신석기 시대 사람들이 살던 곳이에요. 신석기인들은 돌을 쓱쓱 갈아서 도구를 만들었어요. 또한 한강 주변에서 그물이나 작살을 던져 물고기를 잡거나 조개를 캤지요. 도토리를 주워서 밑이 뾰족하게 생긴 빗살무늬 토기에 담기도 했어요. 현재 암사동 유적지에는 신석기인들이 살던 움집이 옛 모습 그대로 되살려져 있어 그때의 생활 모습을 엿볼 수 있지요.

찾아보세요

갈돌
곡식이나 도토리를 갈판에 놓고 방망이같이 생긴 갈돌로 갈았어요.

생선구이
움집 안에 화덕을 만들어 추위도 막고 생선도 구워 먹었어요.

뼈바늘
동물의 뼈로 만든 바늘에 가락바퀴를 이용해 뽑은 실을 꿰어 옷을 만들었어요.

도토리 담긴 빗살무늬 토기
빗살무늬 토기는 밑이 뾰족해 모래나 진흙땅에 꽂아 쓸 수 있었어요.

조개 목걸이
강변에서 잡은 조개껍데기를 엮어 목걸이처럼 목에 걸고 다녔어요.

움집 꼭대기에 오른 사람
움집 지붕은 갈대나 짚을 엮어 덮었어요.

포위된 멧돼지
사람들은 돌칼이나 돌창으로 사냥했어요.

우리에 갇힌 돼지
돼지나 소 등을 가축으로 길렀어요.

그물로 물고기 잡기
작은 그물추가 달린 그물로 물고기를 잡았어요.

밭을 가는 사람
땅을 일궈 농사를 지었어요.

울주 바위그림, 선사 시대 사람들의 생활을 새겨 놓다

울산광역시 울주군 대곡리 반구대에는 신석기 시대부터 청동기 시대까지 이 지역에 살던 *선사 시대 사람들의 생활 모습이 새겨져 있어요. 커다란 바위에 호랑이, 멧돼지, 사슴, 사냥꾼, 탈을 쓴 무당, 새끼를 업은 고래 등이 그려져 있지요. 뜻을 알 수 없는 도형이 새겨진 울주군 천전리 바위그림 역시 오랜 시간에 걸쳐 여러 사람이 이루어 놓은 유산이에요.

*선사 시대 : 아직 문자가 없어서 역사를 기록하기 이전 시대.

찾아보세요

함정에 빠진 호랑이
선사 시대 사람들의 사냥 기술을 알려 주는 그림이에요.

작살로 잡은 물고기
당시 사람들은 대곡천에서 작살로 물고기를 잡았어요.

새끼를 업은 고래
선사 시대 사람들은 많은 아기가 태어나기를 바랐다는 것을 알 수 있어요.

작살 맞은 고래
고래를 잡을 때는 배를 타고 바다에 나가서 작살로 잡았어요.

활을 든 사냥꾼
사냥할 때 활을 쏘아 동물을 잡았어요. 바위그림에도 그 모습이 남아 있어요.

탈을 쓴 무당
사냥이 잘되기를 바라는 마음에서 무당을 새겼다는 주장도 있어요.

동심원
천전리 바위그림에는 동글동글한 원 그림이 새겨져 있어요.

멧돼지
멧돼지 그림 중에는 사랑을 나누는 그림도 있어요.

마름모
천전리 바위그림에는 뜻을 알 수 없는 마름모 그림이 새겨져 있어요.

창을 든 사냥꾼 그림
창을 들고 용감하게 사냥하는 사냥꾼 모습도 새겨져 있지요.

생생 문화유산 이야기 1
서울 암사동 유적 _{서울특별시}
신석기 시대 삶의 터전을 보여 주다

고기 잡고 농사짓던 흔적, 암사동 선사 유적

암사동 선사 유적지에서 신석기인들이 고기잡이를 하고 농사를 지으며 살았다는 것을 알 수 있어요. 물고기를 잡을 때 썼던 그물에 달았던 작은 그물추와 돌로 만든 작살이 많이 발견되었거든요. 또 빗살무늬 토기 안에는 새카맣게 변한 곡식과 도토리가 있어, 농사를 짓고 열매를 따 모았다는 사실도 알 수 있어요. 신석기인들은 돌괭이를 이용하여 밭을 갈았고, 수확한 곡식은 갈돌을 이용해 갈판에 갈아 먹었어요.

빗살무늬 토기는 왜 밑이 뾰족할까?

〈빗살무늬 토기〉

신석기인들이 가장 많이 썼던 토기는 빗살무늬 토기예요. 토기 아랫부분이 뾰족한 이유는 신석기인들이 살았던 지역이 주로 모래가 많은 강가나 해안가였기 때문이지요. 푹신한 모래에 토기를 꽂아 두고 남은 곡식을 담아 보관했어요.
조개껍데기나 나뭇가지 같은 도구로 무늬를 내서 빗살무늬 토기라고 불러요. 어떤 학자들은 토기의 규칙적으로 짧고 긴 선 무늬가 농사에 필요한 햇빛을 나타낸 것이라고 주장하기도 해요.

뚝뚝 딱딱, 영차 영차, 움집을 만들어 볼까?

움집을 지으려면 먼저 둥글게 또는 네모나게 땅을 판 뒤 튼튼한 나무 2개를 양쪽 땅에 박아 기둥을 세워요. 거기에 얇고 기다란 보조 기둥들을 원뿔 모양으로 만들어 비스듬히 땅에 박아 서까래로 삼고 나뭇가지를 촘촘히 엮어요. 지붕은 갈대나 짚을 엮어서 만들어요.
지금 암사동 유적지 움집에 있는 지붕은 현대에 복원한 것이랍니다. 세월이 흐르는 동안 지붕이 삭아 없어졌기 때문이지요.

한국사 Quiz

암사동 선사 유적지에 살았던 사람들에 대한 내용이에요.
맞으면 ○표, 틀리면 ✕표 하세요.

❶ 이곳 사람들은 땅에 구덩이를 파서 만든 움집에서
   살았어요.   (   )
❷ 이곳에 살던 사람들은 농사를 지을 줄 몰랐어요.   (   )
❸ 이곳 사람들이 사용한 빗살무늬 토기는 바닥이 납작했어요. (   )
❹ 이곳에 살던 사람들은 갈판과 갈돌을 이용해
   곡식이나 도토리를 갈았어요.   (   )

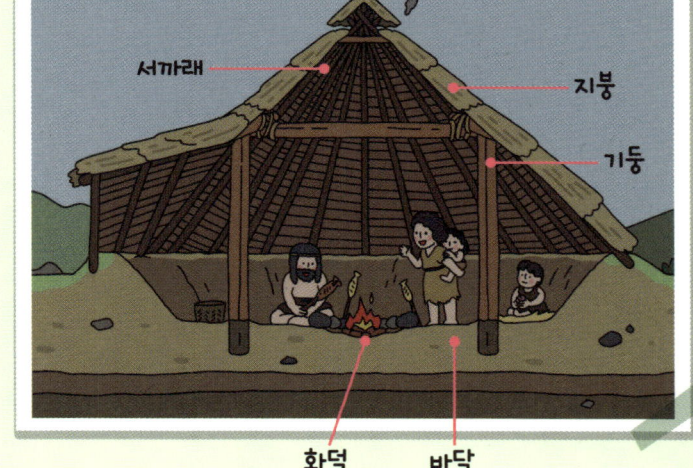

생생 문화유산 이야기 2

울주 바위그림 _{울산광역시}
선사 시대 사람들의 생활을 새겨 놓다

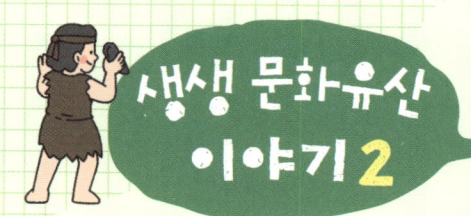

선사 시대 생활을 담은 그림

인류의 역사는 문자가 없던 선사 시대, 문자를 발명해 기록하는 역사 시대로 나뉘어요. 선사 시대는 기록이 없기 때문에 당시 사람들이 썼던 물건이나 남은 흔적을 통해 역사를 짐작하지요. 프랑스나 스페인에서는 동굴 *벽화가 발견되어 구석기 시대 사냥 모습을 알 수 있어요. 우리나라에서는 울주 대곡리 반구대와 천전리 바위그림이 가장 오래된 것으로, 선사 시대 모습을 알려 준답니다.

*벽화 : 건물이나 동굴, 무덤 따위의 벽에 그린 그림.

대곡리 반구대 바위그림이 알려 주는 선사 시대 생활

'울주 대곡리 반구대 *암각화'가 있는 바위는 폭이 8~10미터, 높이가 4.5미터로 마치 거북이 등처럼 생겼어요. 반구대 바위그림를 보면 선사 시대 사람들이 배를 타고 바다에 나가 고래를 잡았고, 활이나 창을 이용해 호랑이나 멧돼지, 사슴 등을 사냥했음을 알 수 있어요. 또 탈을 쓴 무당 그림을 통해 당시 사람들이 무엇을 믿었는지도 알 수 있지요. 특히 새끼들을 데리고 다니는 고래 그림을 그린 사실을 통해 많은 아이를 바랐다는 것을 짐작할 수 있어요.

〈대곡리 반구대 암각화〉

*암각화: 바위나 동굴 표면에 그린 그림으로, '바위그림'이라고도 해요.

천전리 바위그림에 새겨진 이상한 그림들과 문장들

〈천전리 명문과 암각화〉

천전리 바위그림의 공식 이름은 '울주 천전리 각석'이었는데, 2024년부터 '울주 천전리 명문과 암각화'로 바뀌었어요. '명문'은 '글씨가 새겨져 있다'라는 뜻이에요.

천전리 바위그림에는 동글거리는 원, 마름모, 물결 모양, 정사각형, 원, 꽈배기 등이 새겨져 있어요. 그중 원은 선사 시대 사람들이 비를 내려 달라고 새겼다는 주장도 있지만 확실하지 않아요. 누가 왜 새긴 것이지도 알 수 없지요.

천전리 바위그림에는 신라 시대 '명문'도 새겨져 있어요. 신라 왕족과 귀족 남녀가 한문으로 글을 새기고, 이름까지 자세히 적어 놓은 것이지요.

한국사 Quiz

'반구대 바위그림'에 있는 그림이면 ○,
'천전리 바위그림'에 있는 그림이면 △ 하세요.

보기

| 마름모 | 동심원 | 새끼 업은 고래 |
| 정사각형 | 탈을 쓴 무당 |
| 활을 든 사냥꾼 |

정답: ○ 당시 고래, 탈을 쓴 무당, 활을 든 사냥꾼 △ 마름모, 동심원, 정사각형

부여 왕릉원, 우아하고 세련된 백제 문화를 느끼다

고구려, 백제, 신라가 경쟁하던 삼국 시대에 가장 우아하고 세련된 문화를 꽃피운 나라는 백제였어요. 백제는 수도를 공주에 이어 부여로 옮기며 사비성을 지어 적의 침입에 대비했어요. 수도를 옮기며 백제 건축술을 보여 주는 절과 탑을 세우고, 인공 연못인 궁남지도 만들었답니다. 부여에는 백제 왕과 왕족들의 무덤이 모여 있는 왕릉원이 있어요. 사방 벽에는 벽화가, 천장에는 연꽃과 구름 무늬가 그려져 있는 무덤도 있지요.

찾아보세요

임금의 왕관
백제 왕들은 검은 비단 모자를 쓰고 불꽃 모양의 금으로 조각한 장식을 달았다고 해요.

무덤 천장의 연꽃 그림
왕릉원의 한 무덤 천장에는 아름다운 연꽃 그림이 그려져 있어요.

깃발
사비성 사방 성벽에는 동서남북의 방위를 나타내고 우주의 질서를 지키는 상징적인 동물들이 그려진 깃발들이 걸려 있어요.

왕비의 귀걸이
왕비는 순금으로 만든 귀걸이를 착용했어요.

백제 장군
군사들이 성을 잘 지키도록 지휘했어요.

나주 신촌리 금동관과 익산 미륵사지 석탑, 마한과 백제의 역사를 품다

전북특별자치도 익산시와 전라남도 나주시에는 마한과 백제 문화가 잘 보존되어 있어요.
마한에서는 지위가 높은 사람이 죽으면 큰 독을 관으로 사용하고 금동관이나 금동신발도 함께 묻었는데, 그 독무덤이 나주 신촌리에서 발견되었어요. 익산 미륵사 터의 서쪽 탑에서는 *사리가 담긴 금동 사리병과 보물이 가득 든 청동 그릇 6개, 석탑을 세운 때를 적은 금판 등의 백제 유물이 발견되었지요.

*사리 : 부처나 불법을 깨친 승려 몸에서 나온 구슬.

생생 문화유산 이야기 3

부여 왕릉원 충청남도
우아하고 세련된 백제 문화를 느끼다

다시 한번 일어서기 위해 사비성으로 옮긴 백제

왕릉원이 있는 부여는 백제의 *수도였어요. 백제 개로왕은 나라를 돌보지 않다가 고구려의 침입으로 한강 유역과 수도 한성을 빼앗기고 죽임을 당했어요. 개로왕의 아들 문주왕은 급하게 수도를 웅진성(지금의 공주)으로 옮겼는데, 좁고 교통이 불편했어요. 백제를 크게 발전시킨 성왕은 수도를 다시 사비성(지금의 부여)으로 옮겼어요. 세계 문화유산인 백제 역사 유적 지구에는 공주와 부여도 포함되어 있어요.

*수도 : 한 나라의 중앙 정부가 있는 도시.

사비성에서 멸망한 백제

사비성으로 수도를 옮긴 성왕은 궁궐을 짓고 산성도 쌓았어요. 무왕 때는 우리나라에서 가장 오래된 인공 연못인 궁남지를 만들었지요. 수도를 사비성으로 옮긴 뒤, 백제는 다시 일어나는 듯했어요. 하지만 신라 장군 김유신이 당나라 소정방과 함께 큰 군사를 일으켜 쳐들어왔어요. 백제 충신인 계백 장군이 5천 결사대를 이끌고 싸웠으나 결국 졌고 백제는 멸망했어요. 백제의 마지막 왕인 의자왕은 신하들과 함께 당나라에 끌려가 그곳에서 눈을 감았답니다.

백제는 삼국 중 가장 먼저 한강 주변 지역을 차지했어요. 하지만 세력이 약해지면서 한성에서 웅진성, 웅진성에서 사비성으로 수도를 옮겼고, 결국 가장 먼저 멸망하고 말았답니다.

찬란한 백제의 문화를 보여 주는 정림사지 오층석탑

백제 사람들은 손 기술이 보배였어요. 부여 정림사지 오층석탑은 성왕이 사비성으로 수도를 옮길 때 세운 절에 있던 탑이에요.
8미터가 넘는 높이인데도 균형이 잘 잡혀 보는 이의 감탄을 자아내요. 특히 살짝 올라가 있는 탑의 끝부분은 평평한 돌을 두드려서 만들었다고는 믿기지 않지요. 정림사지 오층석탑은 단아하고 세련된 백제의 멋을 아주 잘 표현한 문화유산이랍니다.

〈정림사지 오층석탑〉

한국사 Quiz

백제 수도에 대한 내용을 읽고 빈칸에 들어갈 말을 차례대로 쓰세요.

보기
백제는 고구려의 침입으로 한강 유역과 지금의 서울인 수도 (   )을 빼앗겼어요. 백제가 새롭게 옮긴 수도 (   )은 지금의 공주이고, 마지막으로 옮긴 (   )은 지금의 부여예요.

답 □ , □ , □

정답: 한성, 웅진성, 사비성

생생 문화유산 이야기 4

나주 신촌리 금동관과 익산 미륵사지 석탑
마한과 백제의 역사를 품다
전북특별자치도, 전라남도

백제와 마한의 세력 관계를 알려 주는 나주 신촌리 금동관

삼국 시대 전 우리나라에는 마한, 진한, 변한의 삼한이 있었어요. 백제 근초고왕은 4세기 말에 그중 마한을 완전히 정복했어요. 역사학자들은 마한이 정복당하기 전에 백제에 고개를 숙였을 것으로 생각해요. 왜냐하면 나주 신촌리 무덤에서 발견된 금동관은 백제에서 내린 것으로 보이기 때문이지요. 이러한 유물을 통해 역사를 알 수 있답니다.

백제에서 고려까지 이어진 불교 석탑

백제에 불교가 들어온 것은 384년 침류왕 때였어요. 백제에서는 탑을 만들 때 나무를 썼지만, 나무로 만든 목탑이 불에 쉽게 타서 나중에는 돌을 쌓아 탑을 만들었어요. 목탑처럼 생긴 익산 미륵사지 석탑은 우리나라에서 가장 오래된 탑이에요. 2009년에는 미륵사지 서쪽 석탑에서 639년에 절을 세웠다는 기록이 발견되었어요. 또 무왕 때 세운 궁궐이 있던 익산 왕궁리의 거대한 궁궐터에서는 유물이 11,000여 개나 나왔답니다. 조사를 통해 이곳이 궁궐이었다가 나중에 절이 되었다는 것을 알게 되었지요. 지금 익산 왕궁리 터에는 고려 때 지은 익산 왕궁리 오층석탑이 남아 있어요.

〈미륵사지 석탑〉

여성의 신발로 밝혀진 나주 정촌 무덤의 금동신발

금동신발은 2014년 나주 정촌의 옛 무덤에서 발견했어요. 1500년도 더 전에 만든 이 신발은 신발로는 처음으로 보물로 지정되었어요. 신발코에는 독특한 용머리 장식이 있어요. 또 작은 못으로 금동판을 얇게 이어 사람 얼굴을 한 새, 연꽃, 육각형 모양 등을 표현한 것으로 보아 신발 주인은 신분이 높았던 것으로 보여요. 더욱 놀라운 것은 40대 여성이 신었던 신발이라는 사실이에요.

백제와 마한 사람들이 무덤 속에 신발을 넣은 이유는 이 신발을 신고 저세상에 가서 편안하게 잘 살기를 바라는 마음이었다고 해요.

〈금동신발〉

한국사 Quiz

백제 문화를 잘 간직하고 있는 나주와 익산에서 발견된 문화유산이에요. 나주 것이면 '나', 익산 것이면 '익'을 쓰세요.

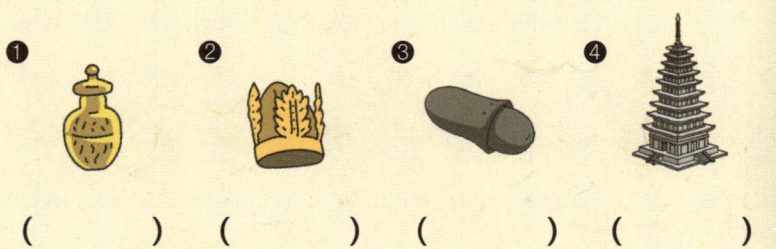

❶ (　)　❷ (　)　❸ (　)　❹ (　)

생생 문화유산 이야기 5
경주 역사 유적 지구 경상북도
신라 천 년 세월을 함께 보내다

천 년 문화유산이 가득한 신라 옛 수도 경주

박혁거세가 지금의 경주인 금성에 수도를 정한 뒤, 경주는 신라가 멸망할 때까지 약 천 년 동안 신라의 수도였어요. 그래서 경주 역사 유적 지구에서는 귀중한 유물이 많이 나와요. 금관이나 귀걸이 같은 화려한 장식품도 있고 흙을 빚어 만든 토기들과 하늘로 올라가는 말의 모습을 그린 그림도 있지요. 또 불교문화도 화려하게 꽃피워 절터와 탑 같은 유산도 많이 남아 있어요.

기마인물형 명기와 천마도, 어떻게 연결될까?

말을 타고 있는 사람의 모습을 흙으로 구워 만든 토기를 '기마인물형 명기'라고 해요. 신라 귀족과 하인이 말을 탄 모습을 주전자 형태로 표현했어요. 무덤 속에 있었는데 영혼이 말을 타고 편안하게 저승길을 가라는 뜻이랍니다. 기마인물형 명기를 보면 신라인들의 말 타는 모습을 잘 알 수 있어요. 말의 배 부분에는 흙 튀는 것을 막는 '장니'가 조각되어 있지요. 당시 길이 흙길이어서 말을 타고 달리면 흙이 말에 막 튀었기 때문이에요. 그런데 이 장니가 천마총에서도 나왔어요. 자작나무 껍질을 여러 겹 겹쳐 만든 장니에는 말이 하늘로 올라가는 모습이 뛰어난 솜씨로 그려져 있어요. 이 그림을 '천마도'라고 해요.

〈천마도〉

분황사 모전석탑과 선덕 여왕

분황사 모전석탑은 국보 30호로, 신라 최초의 여왕인 선덕 여왕 때 세웠어요. '모전석탑'이란 돌을 벽돌 모양으로 깎아서 만든 탑이란 뜻으로, 마치 흙을 구워 벽돌 모양으로 쌓은 전탑처럼 만든 탑을 말해요.

분황사 모전석탑은 신라에서 가장 오래된 탑으로, 지금은 3층만 남아 있지만, 9층이었을 것으로 추측해요. 감실에 있던 불상은 안타깝게도 사라졌지만, 지금도 감실 입구에는 힘이 센 장사인 금강역사 조각상이 주먹을 불끈 쥔 모습으로 부처를 지키고 있어요.

한국사 Quiz

아래 그림을 보고 그림과 맞는 내용을 연결해 보세요.

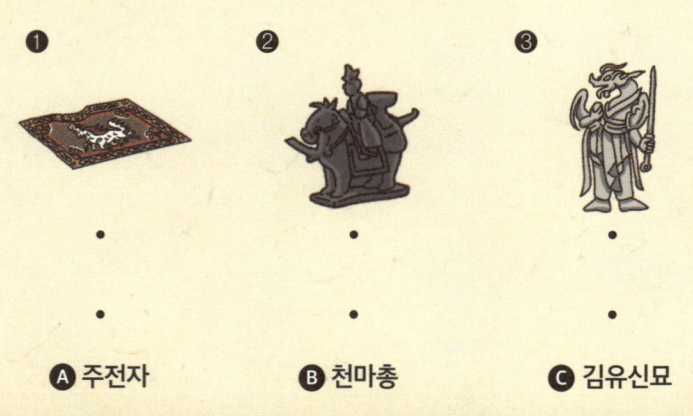

Ⓐ 주전자   Ⓑ 천마총   Ⓒ 김유신묘

〈분황사 모전 석탑〉

생생 문화유산 이야기 6

고령 고분군 경상북도, 경상남도
잃어버린 왕국 가야의 숨결이 살아 있다

고령 고분군이 알려 준 가야 문화

가야를 삼국 시대의 '네 번째 나라'라고 불러요. 신라 진흥왕에게 멸망할 때까지 아주 멋지고 특별한 문화를 갖고 있었기 때문이에요. 고령 고분군에서 나온 많은 유물은 가야 문화가 얼마나 뛰어났는지를 잘 보여 줘요. 고령 지산동 고분은 주로 지배자들의 무덤인데, 고분에서 나온 유물을 보면, 가야가 어떤 사회였는지 그리고 일본과 어떤 물건을 주고받았는지도 알 수 있어요.

고령 지산동 무덤에서는 무엇이 나왔을까?

고령 지산동 44호 무덤은 40여 명이 순장되어 있어 우리나라 최대 순장 무덤이지요. 무덤의 구조를 보면, 무덤 주인이 있는 돌방이 가운데 있어요. 무덤 주인이 묻힌 곳을 중심으로 작은 무덤들이 둘러싸고 있는데, 무덤 하나당 한두 명이 묻혀 있었어요. 학자들이 직업을 확인해 보니 궁녀, 호위 무사, 창고지기, 마부, 농부들이었어요. 죽은 뒤에도 왕의 시중을 들고 호위하라고 함께 묻은 것이랍니다.

무덤 안에는 살았을 때 사용한 물건을 모아 둔 돌방이 있는데, 대가야의 특징을 보여 주는 토기 무더기, 갑옷과 투구, 말을 꾸몄던 철 장식, 일본 오키나와 야광 조개로 만든 국자 등이 있었어요.

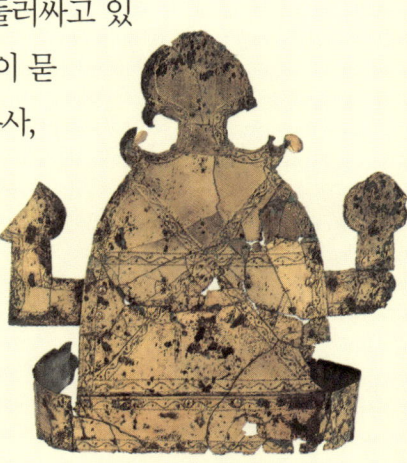

〈지산동 32호분 출토 금동관〉

여자아이 종 송현의 하루 생활은?

송현은 경상남도 창녕군 송현동 15호 무덤에서 발견되어 '송현'이라고 불러요. 16세 정도 나이에 키는 153센티미터인데, 무덤 주인의 발치에 묻혀 있었어요. 강제로 독약을 먹여 죽인 것으로 생각해요. 송현의 뼈를 연구해 보니 무릎뼈가 닳아 있었는데, 아마 무릎을 꿇고 일을 했기 때문일 거예요.

송현의 생활은 어땠을까요? 아마도 어린 나이에 종일 청소를 하거나 바느질을 했겠지요. 아니면 주인을 위해 음식 준비를 하느라 바빴을 거예요. 안타깝게도 송현이는 주인이 죽은 뒤에도 시중을 들기 위해 함께 묻혀야 했죠. 금귀걸이는 아마도 무덤에 묻힐 때 달아 주었을 거예요.

한국사 Quiz

글자 퍼즐을 맞혀 보세요.

❶ 가야를 멸망시켰으며 삼국 통일을 이룬 나라

❷ 왕이 죽으면 산 사람을 함께 묻는 것

장	레	유	리
토	진	물	자
순	장	무	신
국	덤	갑	라

오대산 상원사 동종, 통일 신라의 뛰어난 불교 예술을 담다

강원도 오대산에 있는 상원사 동종은 우리나라에서 가장 오래되었어요. 통일 신라 제33대 임금인 성덕왕 때 만들었는데, 소리가 맑고 웅장하지요. 통일 신라 시대에는 금속 공예가 매우 발달했어요. 종의 몸통에는 하늘에 사는 천인을 새긴 비천상이 있고, 종 고리에는 꿈틀거리는 용 모양 조각이 있어요. 통일 신라 시대 이후 우리나라 종들은 상원사 동종처럼 만들어졌지요. 처음 종을 만든 곳이 어디인지는 알 수 없지만, 조선 시대에 강원도 상원사로 옮겨졌답니다.

우리 문화유산
국보: 상원사 동종

강화 고려궁지, 몽골 침략에 맞선 역사를 알려 주다

강화 섬에는 몽골에 맞섰던 고려의 궁 터가 남아 있어요. 고려는 13세기에 몽골 제국의 침입을 받아 끝까지 싸우기 위해 수도를 개경에서 강화 섬으로 옮기고, 고려궁을 세웠지요. 고종은 고려 왕 중 최초로 승평문을 통해 고려궁으로 들어와 머물며 몽골에 저항했어요. 조선 시대에는 이곳에 강화를 다스리는 관청도 있었지요. 고려궁지에는 조선 시대에 만들어진 강화 동종이 보관되어 있고, 조선 제25대 임금에 오른 철종이 살던 용흥궁도 남아 있답니다.

우리 문화유산
- 사적: 강화 고려궁지
- 보물: 사인비구 제작 동종 -강화 동종

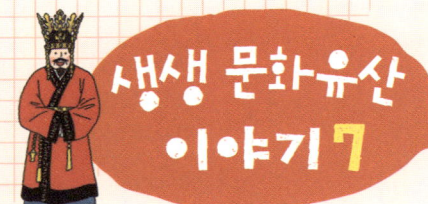

생생 문화유산 이야기 7

오대산 상원사 동종 강원도
통일 신라의 뛰어난 불교 예술을 담다

성덕왕 때 만든 우리나라에서 가장 오래된 종

통일 신라의 성덕왕은 36년 동안 나라를 안정적으로 다스리며, 문물도 발전시켰어요. 백성들의 삶을 안정시키기 위해 '정전'이라는 땅을 나누어 주고, 흉년으로 먹을 것이 없어 굶을 때에는 곡식을 나누어 주기도 했지요. 또한 우리나라 고유의 특징을 가진 가장 오래된 종도 만들었어요. 그 종이 바로 강원도 오대산 상원사에 있는 동종이에요.

상원사 동종에서 유난히 맑고 깊은 소리가 나는 까닭은?

〈상원사 동종에 새겨진 비천상〉

구리로 만든 상원사 동종은 높이가 167센티미터, 지름이 91센티미터예요. 무게는 2,000킬로그램이나 된답니다. 이 거대한 종을 치면 맑고 우렁찬 소리가 아주 멀리까지 퍼져 나가요. 종을 치면 그 진동이 종의 톡 튀어나온 돌기 부분을 돌고 꼭대기에 달린 깡통같이 생긴 음통으로 올라가 맑은 소리가 오래 나지요. 종을 매다는 종 고리에도 금방 하늘로 오를 것같이 꿈틀거리는 용을 새겨 놓았어요. 종을 치는 몸통 반대편에는 피리 비슷한 악기인 생황을 부는 천인과 기타처럼 생긴 공후를 켜는 천인이 하늘에 오르는 모습이 새겨져 있어요. 상원사 동종은 청동을 녹여 종을 만든 신라인들의 뛰어난 공예 기술을 잘 알려 주는 국보랍니다.

상원사 동종 36개 연꽃 모양 돌기 중 하나는 어디로 갔을까?

상원사 동종 윗부분에는 성덕왕 24년에 만들었다는 글이 새겨져 있어요. 조선 시대에 경상도 안동에 있던 것을 상원사로 옮겼다고 해요. 그 과정에 동종의 돌기 36개 중 하나가 사라진 것과 관련한 재미있는 이야기가 있어요. 조선 제3대 태종은 백성들이 불교를 믿는 것을 막으려고 동종을 떼어 안동 남쪽 성문에 달게 했어요. 그 뒤 제8대 예종이 상원사를 왕실의 절로 삼으면서 무거운 종을 상원사로 옮기게 했지요. 그런데 죽령 고개에서 종이 꼼짝을 안 했대요. 떠나기 싫어서 그러나 해서 돌기 하나를 떼어 안동에 묻은 뒤에야 종을 옮길 수 있었다고 해요. 상원사 동종을 자세히 보면, 돌기 하나가 없답니다.

한국사 Quiz

상원사 동종에 대한 키워드별 문제를 풀어 보세요.

- **장소** 이 종은 지금 어디에 있나요? (강원도 / 경상도)
- **시대** 이 종은 어느 시대에 만들어졌나요? (통일 신라 / 고려)
- **재료** 이 종은 무엇으로 만들었나요? (구리 / 금)

정답 [장소] 강원도, [시대] 통일 신라, [재료] 구리

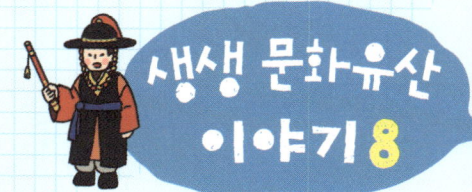

생생 문화유산 이야기 8

강화 고려궁지 인천광역시
몽골 침략에 맞선 역사를 알려 주다

몽골과 끝까지 싸운 고려

고려를 세운 태조 왕건은 개경을 수도로 삼았어요. 그런데 몽골이 쳐들어오자 고려 왕과 조정은 몽골과 끝까지 싸우겠다는 의지로 수도를 강화로 옮겨요. 그러나 결국 원나라를 세운 몽골에 지게 된 고려는 원나라의 요구로 개경으로 돌아왔고, 강화에는 궁궐터만 남게 되었어요. 고려궁지는 고려 시대, 외세 침략에 대한 극복 의지를 보여 준 장소이지요.

강화 천도를 강력히 주장한 무신 권력자 최우

강화도로 수도를 옮겼지만 고종은 별로 힘이 없었어요. 무신 출신 권력자인 최우가 아버지 최충헌 때부터 모든 권력을 손에 쥐고 나라의 중요한 결정을 했기 때문이에요. 강화로 수도를 옮긴 것도 최우가 결정했다고 해요. 최우는 삼별초라는 군대를 키워 자신을 보호하도록 했어요. 삼별초는 용감히 몽골과 싸웠답니다. 최우는 강화에서 매우 사치스러운 생활을 했다고 해요. 최우의 아들 최항의 무덤에서는 고려 최고의 고려청자가 발견되기도 했어요. 최씨 집안의 재산이 굉장했음을 나타내지요.

그러나 백성들은 육지에서 몽골과 싸우는 한편으로, 바닷길을 통해 강화로 세금을 보내야 하는 어려운 생활을 했지요.

강화에서 왕의 자리에 오른 조선 제25대 임금, 철종

조선 제24대 임금 헌종이 젊은 나이에 아들 없이 죽자, 강화에서 가난하게 살던 왕족인 강화 도령이 왕위에 오르게 되었어요. 바로 철종이지요. 철종이 19세에 왕이 되자, 대왕대비가 어린 임금을 대신해 정치에 관여했어요. 힘이 없는 임금이다 보니, 신하들이 권력을 차지하고 정치를 하는 시대가 이어졌어요.

철종이 왕이 된 후, 강화 *유수는 철종이 살던 초가를 기와집으로 고치고 '용흥궁'이라는 이름을 붙였답니다.

*유수: 조선 시대에 지방의 행정과 군사를 맡아 다스리던 벼슬.

〈용흥궁〉

한국사 Quiz

글자의 첫소리와 힌트를 보고 알맞은 단어를 쓰세요.

| ㅇ | ㅎ | ㄱ |

힌트: 강화 유수가 강화 도령이 살던 초가집을 기와집으로 고친 뒤 붙인 이름

답:

부석사 무량수전, 오래된 목조 건축물로 자리를 지키다

경상북도 영주시에 있는 부석사는 통일 신라 때 문무왕이 스님인 의상 대사에게 짓도록 한 절이에요. 무량수전 앞 석등도 이때 세웠어요. 부석사의 중심 건물인 무량수전은 고려 시대에 지었는데, 전체가 *단청 없이 나무가 가진 색으로만 되어 있어 더욱 멋지게 보여요. 절을 지은 의상 대사를 기리는 조사당 벽화는 매우 오래된 것이어서 소중한 문화유산이에요.

*단청 : 나무로 만든 건물의 벽, 기둥, 천장 따위에 여러 빛깔로 그린 그림이나 무늬.

찾아보세요

살짝 부푼 기둥
중간 부분이 부푼 기둥 양식을 '배흘림 양식'이라고 해요.

조사당 벽화 속 창
불법을 지키고 나쁜 악귀를 물리치는 신은 큰 검이나 창을 들고 있어요.

석등의 팔각지붕
돌을 팔각형으로 깎기 쉽지 않은데, 지붕이 팔각형으로 깎여 있어요.

무량수전 부처
'무량수전'은 극락에 계신 부처를 모신 곳이에요. 이곳에 있는 부처는 '진흙으로 만든 앉아 있는 부처'라는 뜻의 '소조여래좌상'이에요.

보살 조각
등불을 밝히는 석등에는 여러 보살을 조각했어요.

불경을 외는 스님
무량수전 안에서 스님이 불경을 외고, 신도들은 기도를 해요.

석등의 연꽃 받침대
등불을 밝히는 창 아래에도 연꽃 받침을 조각했어요.

뜬 돌
부석사 무량수전 서쪽에 '뜬 돌'이라는 뜻의 한자어 '부석'을 새긴 큰 돌이 있어요.

무량수전 이름판
홍건적을 피해 부석사에 머물렀던 공민왕이 이름판 글씨를 직접 썼어요.

노국 대장 공주
원나라 공주이자 공민왕의 왕비로, 공민왕과 함께 부석사에 피난 왔어요.

서울 한양도성, 조선의 중심에 탄탄한 성곽을 쌓다

조선을 건국한 태조 이성계는 나라를 새로운 바탕에서 발전시키기 위해 수도를 개경에서 한양으로 옮겼어요. 한양은 사방이 산으로 둘러쌓여 있어 적이 쳐들어 와도 쉽게 막을 수 있는 곳이었어요. 한강이 굽이굽이 흘러 교통도 편했지요. 그래서 높은 산을 중심으로 빙 둘러 한양을 지키는 성곽을 튼튼하게 쌓았어요. 한양도성은 자연 지형을 이용해 만들어서, 역사 도시의 풍경을 잘 보여 줘요.

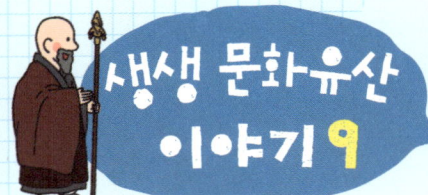

생생 문화유산 이야기 9

부석사 무량수전 경상북도
오래된 목조 건축물로 자리를 지키다

고려 공민왕이 부석사에 남긴 글씨, 무량수전

부석사에는 고려 공민왕의 글씨체가 남아 있어요. 공민왕은 원나라 세력을 물리치고 왕권을 강하게 만들려고 했어요. 그러나 북쪽에서 머리에 붉은 띠를 한 홍건적이 두 번이나 쳐들어왔어요. 수도인 개경이 홍건적 손에 들어가자, 공민왕은 원나라 공주인 왕비, 노국 대장 공주와 멀리 안동까지 피난을 갔어요. 홍건적이 물러나자, 개경으로 돌아가던 길에 부석사에 들른 공민왕이 멋진 필체로 무량수전 이름판 글씨를 썼지요.

국보와 보물이 가득한 부석사는 유네스코 지정 문화유산

부석사에는 국보가 5개나 있어요. 우리나라에서 가장 오래된 석등은 국보 17호예요. 배흘림기둥 양식에 지붕 형태가 아름다운 무량수전은 국보 18호이고, 무량수전 안에 있는 소조여래좌상은 국보 45호예요. 국보 19호인 조사당에는 의상 대사를 그린 초상화가 있어요. 국보 46호인 조사당 벽화는 무덤 속 벽화를 제외하면 우리나라에서 가장 오래된 매우 소중한 문화유산이에요. 부석사는 유네스코 세계 문화유산 '산사' 7곳 중 한 곳이에요. 산사는 산에 있는 절을 말해요.

〈부석사 무량수전과 석등〉

의상 대사를 짝사랑한 선묘가 도와주어 지은 절

당나라에 유학하고 돌아온 의상 대사는 절을 세우려 했어요. 하지만 바다를 건널 때는 무서운 잡귀들이 나타나고 산에서는 산적들이 절 짓는 것을 방해했어요. 의상을 짝사랑하다가 목숨을 끊은 당나라 처녀 선묘가 그때마다 용의 모습으로 나타나 잡귀들을 쫓고 산적을 물리쳤다고 해요. 특히, 나쁜 무리를 물리칠 때 번갯불을 일으키고 큰 돌을 세 차례나 들어올렸다고 해요. 덕분에 의상 대사는 무사히 부석사를 짓게 되었어요.

지금도 절 주변에는 '뜬 돌'이라는 뜻의 '부석'이라고 쓴 큰 바위가 있어요. 또 무량수전 앞마당에는 선묘를 뜻하는, 돌로 만든 용이 묻혀 있어요.

한국사 Quiz

부석사에 관한 내용이 맞으면 ○, 틀리면 X 하세요.

1. 부석사 무량수전 기둥은 모두 일정하게 직선 모양으로 되어 있어요. ( )
2. 부석사는 당나라에서 유학하고 돌아온 원효 대사가 세웠어요. ( )
3. 부석사 조사당은 절을 세운 분을 기억하기 위한 곳인데, 조사당에는 벽화가 그려져 있어요. ( )

생생 문화유산 이야기 10

서울 한양도성
서울특별시

조선의 중심에 탄탄한 성곽을 쌓다

조선의 수도 한양을 든든하게 지킨 사대문

한양도성을 쌓을 때, 동서남북에 각각 성문도 세웠어요. 동쪽은 흥인지문, 서쪽은 돈의문, 남쪽은 숭례문, 북쪽은 숙정문이라고 했지요. 한양도성 안의 서쪽에는 토지신인 사(社)와 곡식의 신인 직(稷)에게 제사를 지내는 사직단을, 동쪽에는 왕실의 조상신을 모신 종묘를 두었어요. 사람이 많이 다니는 길 한복판에는 종루나 종각을 지어 큰 종을 달고 시간을 알렸지요.

왕이 가장 소중히 여긴 곳, 종묘와 사직

조선 사람들은 종묘와 사직을 아주 중요하게 여겼어요. 특히 종묘에는 죽은 왕과 왕비의 이름을 적은 신주를 모신 사당이 있어요.
종묘를 처음 지었을 때는 사당이 5칸뿐이었지만, 모시는 신주가 늘어나면서 19칸이 되었지요. 가지런히 옆으로 세워진 사당들의 가로 길이를 합치면 100미터가 넘는다고 해요. 종묘는 유명한 외국 건축가들도 감탄하는 독특한 건축 양식으로, 세계 문화유산으로 지정된 우리의 자랑거리예요.

한양의 성문을 열고 위험을 알렸던 종각의 큰 종

조선 시대에도 시간을 알려 주는 알람 시계가 있었다면 믿을 수 있나요? 그 시계가 있는 2층 정자를 종루 또는 종각이라고 해요. 보신각이라고 불릴 때도 있었지요.
종각에는 고리를 맺진 용으로 조각한 커다란 종이 걸려 있었어요. 종지기가 새벽 4시쯤 종을 치면 성문이 열리고, 밤 10시쯤 종을 치면 성문이 닫혔어요. 성문이 열리면 사람들은 도성으로 들어와 볼일을 보고 성문이 닫히기 전에 서둘러 빠져나갔어요. 또 도성에서 큰불이 났을 때 종을 크게 울려 사람들이 피하도록 했대요.

〈옛 보신각 동종〉

한국사 Quiz

한양도성 안에 있는 건축물에 대한 설명이에요. 어디인지 맞혀 보세요.

❶ 조선 시대 왕실의 조상신에게 제사를 지낸 곳이에요. (　　)

❷ 2층 건물에 커다란 종이 걸려 있었어요. (　　)

❸ 토지신과 곡식의 신에게 제사를 지내던 곳이에요. (　　)

정답 ❶ 종묘 ❷ 종루 또는 종각, 보신각 ❸ 사직단

창덕궁, 조선의 가장 아름다운 궁궐로 이름나다

창덕궁은 자연을 품고 있어 더욱 아름다운 궁궐이에요. 높이 솟은 돈화문으로 들어가면 나라의 중요한 행사를 치르던 인정전이 나와요. 선정전은 임금과 신하가 정치를 이야기하는 곳이에요. 희정당은 임금님이 일하는 곳으로 사용되기도 했어요. 왕비가 지내는 대조전은 지붕 모양이 독특하지요. 창덕궁은 세계 문화유산에 올랐어요.

남한산성, 큰 전쟁에서 임금의 피난처가 되다

남한산성은 전쟁이 일어났을 때 적의 공격을 막을 수 있도록 험하고 높은 산의 모양을 이용해 쌓은 성이에요. 통일 신라 때 있었던 성을 활용해, 조선 제16대 임금 인조가 명령하여 완공했지요. 남한산성에는 왕이 임시로 머문 행궁과 군사들을 훈련하는 연무관, 군사를 지휘하고 적을 살피는 수어장대 등이 있어요. 남한산성은 성을 쌓는 기술을 잘 보여 주어, 세계가 인정하는 세계 문화유산이 되었어요.

찾아보세요

활이 하나뿐인 병사
연무관에서 활쏘기 훈련을 하다 보니 활이 하나만 남았어요.

외적의 침입으로 시름에 빠진 인조
인조는 용무늬를 수놓은 곤룡포를 입고 있어요.

호랑이가 그려진 깃발
군대가 갖고 다닌 호랑이 깃발은 '백호기'라고 해요.

지휘관 모자의 빨간 술
수어장대 지휘관은 빨간 술이 달린 모자를 썼어요.

우리 문화유산

🏯 **사적**: 남한산성, 남한산성 행궁
🏯 **보물**: 남한산성 수어장대, 남한산성 연무관

기록을 하는 사관 조선 시대에는 임금이 정치를 하는 곳에 사관이 자리를 함께했어요.	**기마병** 연무관에서는 말을 탄 용맹한 기마병도 함께 훈련했어요.	**암문** 남한산성에는 적의 눈에 띄지 않는 암문 16개가 있어요.	**성문을 오가는 선비** 선비를 비롯한 사람들은 성문을 통해 오고 갔어요.	**성을 지키는 병사** 남한산성에는 든든하게 성을 지키는 병사들이 있었어요.

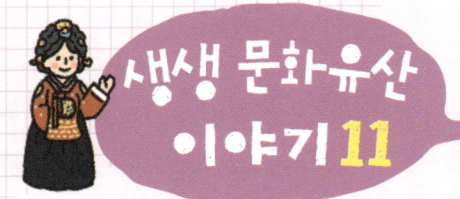

생생 문화유산 이야기 11

창덕궁 서울특별시
조선의 가장 아름다운 궁궐로 이름나다

임진왜란으로 불탔지만, 다시 지은 창덕궁

창덕궁은 조선 제3대 임금인 태종 때 경복궁에 이어 두 번째로 지은 궁궐이에요. 궁궐이 너무 아름다워 왕들은 경복궁보다 주로 이곳에서 살았어요. 인정전에서는 효종을 비롯한 일곱 임금이 왕의 자리에 올랐어요. 그러나 창덕궁은 1592년 임진왜란이 일어났을 때 불탔어요. 전쟁이 끝난 후 제15대 임금인 광해군이 다시 지었으며, 그 뒤에도 여러 차례 불타고 복구되어 현재의 모습으로 남았어요.

생생한 궁궐 자료, 동궐도

조선 제23대 임금 순조는 몸이 아파 아들 효명 세자에게 정치를 대신하게 했어요. 이때 효명 세자가 동궐도를 그리게 했지요. 동궐도라는 이름으로 경복궁을 기준으로 동쪽에 있는 창덕궁과 창경궁을 그렸다 해서 붙여졌어요.

동궐도는 궁궐의 건물 배치뿐만 아니라 건물 사이의 거리까지 완벽하게 기록되어 있어 매우 귀중한 궁궐 자료예요.

조선이 멸망한 뒤에 일본이 없애버린 수많은 건축물이 이 그림에 생생하게 나와 있지요.

학문을 꽃피운 규장각

〈창덕궁 주합루〉

조선에서 학문을 가장 좋아한 임금은 세종과 정조일 거예요. 세종은 집현전 학사들과 우리나라 글자인 훈민정음을 만들었어요.

정조는 주합루에 왕실 도서관인 규장각을 만들어 신하들이 경치 좋은 곳에서 책을 읽고 연구할 수 있도록 격려하고 직접 술도 권했어요. 그래서 규장각에서 정조가 사랑한 정약용 같은 신하들이 마음껏 연구하고 책을 만들 수 있었지요.

한국사 Quiz

창덕궁에 있는 건축물의 사진을 보고 관련 있는 설명에 줄을 그어 보세요.

❶　❷　❸

Ⓐ 왕비가 머물던 대조전은 지붕에 용마루가 없어요.

Ⓑ 지붕이 푸른색인 선정전은 왕이 신하들과 나랏일을 의논하던 곳이에요.

Ⓒ 2층처럼 보이는 인정전에서 국가의 공식적인 큰 행사가 열렸어요.

정답 ❶-B, ❷-A, ❸-C

생생 문화유산 이야기 12

남한산성 경기도
큰 전쟁에서 임금의 피난처가 되다

병자호란의 아픔을 간직한 남한산성

남한산성에는 큰 전쟁이 일어나면, 임금이 임시로 생활할 수 있는 행궁이 있어요. 청나라 군대가 침입해 병자호란이 일어나자, 인조는 남한산성으로 피신했어요. 그러나 청나라가 빠르게 쳐내려오고 식량이 떨어지자, 인조는 세자와 함께 남한산성을 내려와 *삼전도에서 청나라 태종에게 항복하는 큰 부끄러움을 겪었지요. 남한산성은 전쟁의 아픔을 고스란히 기억하는 역사적인 장소랍니다.

*삼전도 : 한양과 남한산성을 이어 주던 나루로, 지금의 서울 송파동에 있었어요.

병자호란 후 청나라에 끌려간 사람들

인조가 삼전도에서 항복한 후, 소현 세자와 세자빈, 인조의 둘째 아들 봉림 대군, 남한산성에서 끝까지 싸우자고 주장한 신하 김상헌과 그를 지지하며 항복을 반대했던 신하들은 모두 청나라에 끌려갔어요. 김상헌은 청나라로 끌려가며 이런 시조를 읊었어요.

가노라 삼각산아 / 잘 있거라 한강수야 / 고국산천을 두고야 떠나랴마는 / 시절이 하수상하니 올동말동 하여라.

다행히 김상헌은 살아 돌아왔지만, 그와 함께 붙잡혀 갔던 신하 3명은 처형되어 돌아오지 못했답니다.

〈남한산성 수어장대〉

임시 수도 역할을 한 남한산성

남한산성에는 전쟁에 대비하여 임시 수도 역할을 할 수 있도록 여러 가지 시설이 갖추어져 있었어요. 동서남북으로 4대문이 있었고, 군사들이 비밀리에 드나들 수 있는 *암문도 16개 있어요. 대포를 쏠 수 있는 포대와 식량 창고, 무기 창고도 있었지요. 행궁은 임금이 생활하고 잠을 자는 곳인 내행전과 여러 가지 행사를 하는 외행전으로 나뉘어 있어요. 연무관 대들보에는 임금의 군대가 훈련을 하는 곳이라는 뜻에서 용과 봉황이 그려져 있답니다.
영조 때는 수어장대를 2층으로 올려 지은 뒤, 안쪽에 병자호란의 부끄러움을 잊지 않겠다는 뜻의 '무망루'라는 액자를 걸었어요.

*암문: 평소에는 막아두었다가 필요할 때 사용한 문.

한국사 Quiz

남한산성의 어느 건축물에 대한 설명인지 보기에서 찾아 쓰세요.

| 보기 | 내행전 | 수어장대 | 연무관 |

❶ 군사를 훈련하던 곳으로, 대들보에는 멋진 용과 봉황의 그림이 있어요.

❷ 임금이 임시로 와서 생활하고 잠을 자던 곳이에요.

❸ 높은 곳에 있어 군사를 지휘하거나 적이 쳐들어오는지 살피기 좋은 곳이에요.

여주 영릉과 영릉, 세종과 효종이 잠들다

경기도 여주에는 조선 제4대 임금인 세종과 소헌 왕후를 같이 모신 영릉이 있어요.
또 제17대 임금인 효종과 인선 왕후의 영릉도 있지요. 두 영릉은 한글로는 같은 이름이지만, 쓰는 한자가 달라요.
임금이 세상을 떠나면 슬픔 속에 온 나라 백성들이 긴 행렬로 이어진 임금의 장례를 지켜보았고 장례 후에는
'산릉제'라는 왕릉 제사도 정성껏 지냈어요. 조선 왕릉은 세계 문화유산이랍니다.

안동 도산서원, 지방 유교 교육의 중심이 되다

경상북도 안동에 있는 도산서원은 조선 시대 지방의 대표적인 교육 기관이었어요.
퇴계 이황이 죽은 뒤에 직접 학문을 가르치던 도산서당 자리에 제자들이 세웠지요.
전교당에서는 학문을 연구하며 제자들을 키웠으며, 이황을 모시는 상덕사에서는 제사를 지냈지요.
도산서원은 여러 서원과 함께 '한국의 서원'으로 자랑스러운 세계 문화유산이 되었어요.

생생 문화유산 이야기 13

여주 영릉과 영릉 (경기도)
세종과 효종이 잠들다

영릉을 지키는 홍살문의 의미

조선 왕릉 입구에는 붉은색을 칠한 나무로 높게 세운 홍살문이 있어요. 귀신이나 도깨비 등 나쁜 기운을 가진 악귀들은 붉은색을 무서워한다고 해요. 그래서 왕릉을 나쁜 악귀로부터 지키기 위해 홍살문은 모두 붉은색을 칠했어요. 또 꼭대기에 화살이나 삼지창 모양 나무살을 꽂아 놓아서 나쁜 악귀가 나타나면 단번에 찔러 물리칠 수 있도록 했답니다.

과학 기구를 만들고 땅을 넓힌 세종, 청에 원수를 갚고자 했던 효종

세종 대왕은 우리가 쓰는 글자인 한글을 만들었어요. 그뿐만 아니라 장영실에게 비의 양을 재는 측우기와 해시계, 물시계 등 과학 기구를 만들도록 했지요. 또한 최윤덕과 김종서를 북쪽으로 보내 여진족을 멀리 내쫓고 압록강과 두만강을 경계로 한 오늘날의 국경선을 확정했어요.

한편, 병자호란 때 볼모로 청나라에 끌려갔던 효종은 청나라에 진 원수를 갚기 위해 *북벌 계획을 세웠어요. 하지만 효종이 왕위에 오른 지 10년 되는 해에 세상을 떠나는 바람에 북벌 계획은 실패로 끝났어요.

*북벌 : 북쪽의 만주족을 군사의 힘으로 침.

노비들에게 출산 휴가를 준 세종 대왕

세종 대왕은 백성을 사랑한 임금으로 손꼽혀요. 600여 년 전에 이미 백성을 생각하는 복지 제도를 마련했지요. 1426년, 세종은 관청에 속한 여자 종이 아이를 낳으면 100일의 휴가를 주는 법령을 만들었어요. 현대의 출산 휴가 제도를 이미 조선 시대에 만든 것이지요. 4년이 지난 1430년에는 아기를 낳기 30일 전부터 쉴 수 있는 법령도 만들었어요.

그뿐이 아니에요. 1434년에는 아기를 낳은 여자 종의 남편인 남자 종에게도 30일의 휴가를 주는 법을 만들었답니다. 그리고 쌍둥이 셋 이상을 낳은 집에는 아들과 딸 구분 없이 쌀과 콩도 내려 주었다고 해요.

세종 대왕은 과학 기술, 영토 정책뿐 아니라 복지 제도까지, 여러 면에서 많은 업적을 남긴 왕이랍니다.

 한국사 Quiz

보기에 있는 건축물은 조선 왕릉 입구에 있어요. 붉은색으로 칠한 이 건축물의 이름이 무엇인지 알맞은 것을 고르세요.

보기

① 문석인
② 혼유석
③ 장명등
④ 홍살문

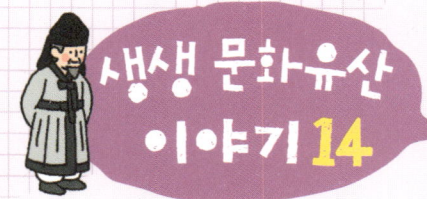

생생 문화유산 이야기 14

안동 도산서원 경상북도
지방 유교 교육의 중심이 되다

조선 지방 교육의 꽃, 서원

조선 시대 남자 양반은 어릴 때 서당에서 공부한 뒤 한양에서는 *4부 학당, 지방에서는 *향교에서 교육을 받았어요. 그 뒤 일정한 자격을 갖추면 조선을 대표하는 교육 기관인 성균관에 입학할 수 있었지요. 학문이 높은 선비들은 산 좋고 물 좋은 지방에 교육 기관을 세웠는데, 바로 서원이에요. 서원에서는 훌륭한 학자에게 제사를 지내고, 그 학자를 계승하는 제자들을 키워냈답니다.

*4부 학당 : 나라에서 인재를 기르려고 한양 네 곳에 세운 교육 기관. *향교 : 지방에 있던 최고 교육 기관으로 서당을 마친 유생들이 교육을 받았어요.

퇴계 이황이 직접 정성을 다해 지은 도산서당

퇴계 이황은 벼슬에 욕심이 없었어요. 나라에서 140여 차례 벼슬을 내리며 불렀는데, 그중 79번이나 벼슬을 마다했어요. 그리고 69세에 지금의 안동시 도산면에 서당을 지어 제자를 양성하는 데 정성을 기울였지요. 마당에는 매화, 난초, 국화, 대나무를 심어 선비 정신을 가르쳤지요. 서당의 작은 샘은 '몽천'이라 했는데, 제자를 일깨우는 스승의 역할을 뜻하는 이름이래요.

조선 후기 유명한 화가인 정선은 퇴계 이황과 도산서당의 모습을 '계상정거도'라는 그림으로 그렸어요. 이 그림은 천 원짜리 지폐 뒷면에 실려 있답니다. 오천 원권에는 이황의 초상화도 실려 있지요.

〈도산서당〉

사액 서원 제도를 건의한 이황

퇴계 이황은 경상도 풍기 군수로 있을 때, 주세붕이 세운 백운동 서원을 나라에서 지원하고 칭찬해 달라고 임금께 청을 올렸어요. 백운동 서원은 우리나라에서 제일 먼저 세워진 서원이에요. 당시 임금이었던 명종은 그 청을 받아들여 '소수'라는 이름의 액자를 내리면서 많은 책과 노비도 내렸지요. 이것을 '사액 서원 제도'라고 해요.

소수서원을 비롯한 우리나라 서원이 자연을 벗 삼아 자리한 것은 문화재적 특징으로 손꼽혀요. 서원 앞에는 강이나 하천이 있고, 뒤에는 산이 있어 편안하게 집중해 공부할 수 있었어요. 그래서 도산서원에는 주변 자연을 읊은 한시 3,000여 편이 전해지고, 소수서원에는 뛰어난 인물 4,000여 명이나 나왔다고 해요.

한국사 Quiz

도산서원과 관련한 답을 보기 에서 골라 써 보세요.

보기: 율곡 이이, 퇴계 이황, 삼문, 상덕사, 전교당, 한석봉

❶ 도산서원에서는 조선의 뛰어난 학자인 이 사람에게 제사를 지내요. 이 학자는 누구인가요? (　　　)

❷ 도산서원에서 학문을 가르치는 곳은 어디인가요? (　　　)

❸ 도산서원이라는 이름판 글씨는 누가 썼나요? (　　　)

덕수궁, 대한 제국이 탄생한 특별한 순간을 함께하다

덕수궁은 나라 이름을 대한 제국으로 바꾸고 황제가 된 고종이 살던 궁궐이에요. 덕수궁의 정문인 대한문은 병사들이 지키고 있어요. 중화전에서는 나라의 중요 행사를 치렀지요. 또 덕수궁에는 서양식으로 웅장하게 지은 석조전, 단청을 하지 않은 2층 건물인 석어당도 있지요. 덕수궁은 이렇게 전통적인 목조 건축과 서양식 건축물이 한데 어우러져 있어요.

생생 문화유산 이야기 15

덕수궁 서울특별시
대한 제국이 탄생한 특별한 순간을 함께하다

역사의 아픔을 기억하는 궁궐

덕수궁은 원래 궁이 아니라 월산대군이라는 왕자의 집이었어요. 궁궐이 된 것은 제14대 선조 대에 이르러서예요. 제26대 고종 대에는 대한 제국을 대표하는 궁궐이 되었지요. 당시 조선은 청나라, 러시아, 일본 같은 강대국의 간섭에 시달렸어요. 명성 황후가 일본인들에게 죽임을 당하자, 고종은 일본의 간섭을 피해 러시아 *공사관에 머무르다 덕수궁으로 돌아왔지요.

*공사관 : 나라를 대표해 파견된 외국 사절이 머무르며 일하는 곳.

큰 소망을 담은 이름, 덕수궁과 대한문

덕수궁의 원래 이름은 경운궁이었고, 대한문은 '대안문'이었어요. 1904년에 경운궁이 불타자 새롭게 궁궐을 지으며 대문 이름을 '대한문'으로 바꾸었지요. '한양이 크게 된다'라는 뜻이 담겨 있다고 해요.

한편, 러시아와의 전쟁에서 이긴 일본은 덕수궁 중명전에서 대한 제국 신하들을 협박하여 억지로 외교권을 빼앗았어요. 고종 황제는 이에 신하들을 만국 평화 회의가 열리는 네덜란드 헤이그에 보내 억울함을 호소하려 했어요. 이를 안 일본은 고종을 강제로 황제에서 물러나게 했지요. 새롭게 황제가 된 순종은 아버지 고종이 오래도록 편안하게 사시라고 경운궁의 이름을 '덕수궁'으로 바꾸었답니다.

〈고종 황제〉

인목 왕후의 아픔을 함께한 석어당

덕수궁에서 가장 높은 2층 건물인 석어당은 단청을 하지 않았어요. 왜냐하면 왕족인 월산 대군의 후손들이 살던 일반 집이었기 때문이에요.

석어당은 선조의 왕비였던 인목 왕후의 눈물과 한숨의 장소이기도 해요. 선조와 인목 왕후 사이에는 영창 대군이 있었는데, 광해군은 왕위를 빼앗길까 봐 두려워 영창 대군을 강화도로 유배 보낸 뒤 죽였어요. 그리고 인목 왕후를 5년 동안 석어당에 가두었지요. 광해군이 왕위에서 쫓겨나자, 인목 왕후는 이곳에서 광해군을 무릎꿇림고 죄를 물었다고 해요.

〈석어당〉

한국사 Quiz

설명을 읽고 초성만 있는 문화유산 이름을 완성해 보세요.

덕수궁에서 국가의 큰 행사가 열리던 곳이에요.

ㅈ ㅎ ㅈ

☐ ☐ ☐

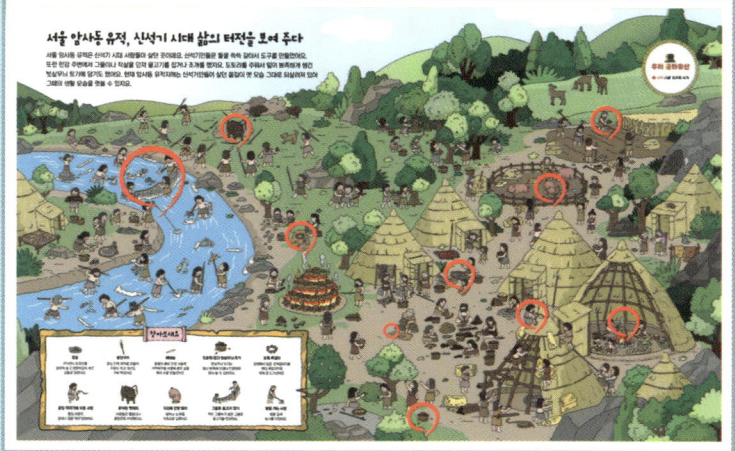
4-5쪽 서울 암사동 유적

6-7쪽 울주 바위그림

10-11쪽 부여 왕릉원

12-13쪽 나주 신촌리 금동관과 익산 미륵사지 석탑

16-17쪽 경주 역사 유적 지구

18-19쪽 고령 고분군

22-23쪽 오대산 상원사 동종

24-25쪽 강화 고려궁지

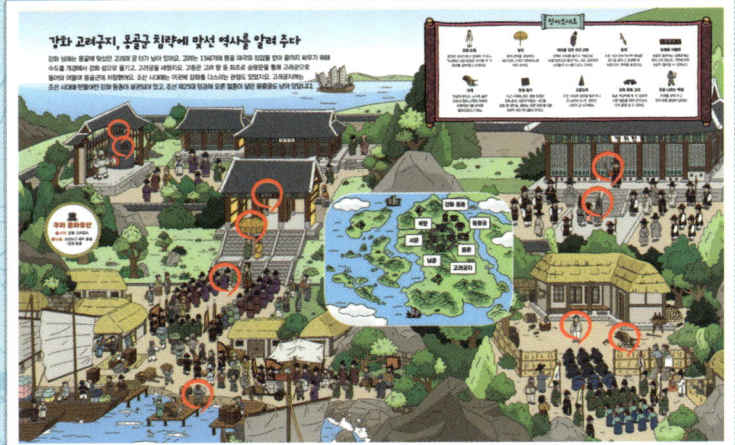

28-29쪽 부석사 무량수전

30-31쪽 서울 한양도성

34-35쪽 창덕궁

36-37쪽 남한산성

40-41쪽 여주 영릉과 영릉

42-43쪽 안동 도산서원

46-47쪽 덕수궁